BEI GRIN MACHT SICH IHR WISSEN BEZAHLT

- Wir veröffentlichen Ihre Hausarbeit,
  Bachelor- und Masterarbeit

- Ihr eigenes eBook und Buch -
  weltweit in allen wichtigen Shops

- Verdienen Sie an jedem Verkauf

Jetzt bei www.GRIN.com hochladen und kostenlos publizieren

Das Leib-Seele-Problem, Psychologische Grundlagenfächer, Psychologische Berufsfelder. Eine kurze Ausführung

Lisa Muller

Bibliografische Information der Deutschen Nationalbibliothek:

Die Deutsche Nationalbibliothek verzeichnet diese Publikation in der Deutschen Nationalbibliografie; detaillierte bibliografische Daten sind im Internet über http://dnb.d-nb.de abrufbar.

ISBN: 9783346422910
Dieses Buch ist auch als E-Book erhältlich.

Druck und Bindung: Books on Demand GmbH, Norderstedt Germany
Gedruckt auf säurefreiem Papier aus verantwortungsvollen Quellen

Das vorliegende Werk wurde sorgfältig erarbeitet. Dennoch übernehmen Autoren und Verlag für die Richtigkeit von Angaben, Hinweisen, Links und Ratschlägen sowie eventuelle Druckfehler keine Haftung.

Das Buch bei GRIN: https://www.grin.com/document/1024634

EINSENDEAUFGABE

- ALTERNATIVE B -

abgegeben am 15.04.2021

Modulverantwortlicher Hochschullehrer:

SRH-Fernhochschule

Modul: Einführung in die Psychologie

Studiengang: B. Sc. Psychologie

von

Lisa Muller

Abkürzungsverzeichnis

aktual.:	aktualisierte
bspw.:	beispielsweise
c.a.:	circa
d.h.:	das heißt
durchges.:	durchgesehene
erw.:	erweiterte
Hrsg.:	Herausgeber
s.V.:	eingetragener Verein
u.a.:	unter anderem
überarb.:	überarbeitete
v.:	vor
Vgl.:	Vergleich
vollst.:	vollständige
z.B.:	zum Beispiel

1. Aufgabe B1

Das Leib-Seele-Problem gilt als eines der ältesten Probleme der Philosophie.[1] Sie beschäftigt sich mit der Thematik, inwiefern Körper und Geist eine Einheit bilden oder ob es sich hierbei um zwei voneinander unabhängige Materien handelt.[2]

In dieser Arbeit wird das *Leib-Seele-Problem* definiert um anschließend auf dessen Bedeutung für die Erklärung psychosomatischer Erkrankungen einzugehen.

1.1 Das Leib-Seele-Problem - Historischer Hintergrund

Das Leib-Seele-Problem fand seinen Ursprung in der griechischen Philosophie der Antike durch Aristoteles (384-322 v. Chr.). Er ging der Frage nach ob die Psyche eines Menschen als Körperelement in Form eines Gehirns und eines zentralen Nervensystems interpretiert werden kann oder ob die Psyche eher etwas Unantastbares ist, mit anderen Worten, etwas was nicht wissenschaftlich gemessen werden kann. So beschäftigte sich die Menschheit erstmals auf kritische Weise mit dem menschlichen Erleben und Verhalten.[3] Nach Aristoteles bedeutet eine Seele zu haben, dass man am Leben ist. Demnach hat alles was lebt auch eine Seele, denn nur durch diese kann Leben existieren. Folglich schlossen die griechischen Antiken auf einen Zusammenhang zwischen Leben und Atem. Denn nur wer Luft zum Atmen hat ist am Leben. Eine weitere Verbindung sahen sie zwischen der Seele und der Wärme, da ein lebender Körper warm ist und ein Leichnam dahingegen kalt. Demzufolge wurde in der Antike deutlich für einen Zusammenhang zwischen Seele und Leben plädiert.[4] Die Seele sei der Grund der Lebewesen. Jedoch vertrat Aristoteles weder eine dualistische noch eine monistische Interpretation des Leib-Seele-Problems.[5] Die Seele (Psyche) wurde in diesem Zeitalter als Prinzip des Lebens bezeichnet, da die Seele zwischen Leben und Tod unterscheidet. Folglich heißt es nach Beckermann (2011), dass der Besitz einer Seele „[...] *den Unterschied ausmacht zwischen Pflanzen, Tieren und Menschen auf der einen und z.B. Steinen, Tischen und Häusern auf der anderen Seite, aber auch den Unterschied zwischen einem lebenden Menschen und dem Leichnam eines Toten.*"[6]

---

[1] Vgl. Beckermann, 2011, S.7
[2] Vgl. Mühlfelder, 2017, S.9
[3] Vgl. Mühlfelder, 2017, S.9-10
[4] Vgl. Beckermann, 2011, S.8
[5] Vgl. Carrier & Mittelstraß, 1989, S.12
[6] Beckermann, 2011, S.8

Auch für Platon (428-347 v. Chr.) ist ein Zusammenhang zwischen Seele und Körper offensichtlich, allerdings bezeichnet er die Seele als ein vom Körper unabhängiges und immaterielles Wesen, welches den Körper nach dem Tod verlassen kann. Ein Leben nach dem Tod ist somit möglich für die Seele, da sie ohne einen Körper weiterexistieren kann. Diese Auffassung der Seele wird als *Dualismus* bezeichnet. Nach Platon ist die Seele im Gegensatz zum Körper unsterblich. Er ist der Überzeugung, dass Körper und Seele ohne einander weiterbestehen können, jedoch die Seele das eigentliche Selbst eines Menschen ausmacht. So mag die Seele allem wovon sie Besitz ergreift Leben einflössen. Körper und Seele interagieren folglich nur zu Lebzeiten des Körpers miteinander.[7] Ein weiterer Philosoph, der Franzose René Descartes (1596-1650), vertrat in der Neuzeit ebenfalls die Theorie der dualistischen Betrachtungsweise von Körper und Seele (Kartesische Philosophie).[8] Er unterschied zwischen der Außenwelt (ausgedehnte materielle Körper) und der Innenwelt (nicht-ausgedehnte immaterielle Bewusstsein) des Menschen.[9] Für ihn stehen Leib und Seele miteinander in Wechselwirkung.[10] Im Gegensatz zu Platon war es für ihn wichtig Beweise liefern zu können, welche eine unabhängige Existenz der Seele zum Körper bestätigt. Er lieferte hierfür zwei Argumente:[11]

– das *metaphysische* Argument: Der Mensch kann allein durch die Eigenschaft seiner Gedanken existieren, dies sogar ohne seine körperlichen Eigenschaften zu benutzen. Demgegenüber kann jeder Körper ohne die Fähigkeit des Denkens weiterexistieren. So schlussfolgerte Descartes, dass der Mensch eine von seinem Körper unabhängige Seele hat, die auch ohne diesen bestehen kann.[12]

– das *naturphilosophische* Argument: Der Mensch unterscheidet sich von anderen physischen Systemen (Maschinen, Tieren, etc.) insofern, als dass er das einzige Lebewesen ist das die Fähigkeit besitzt zu denken, zu reden und intelligent zu handeln. So lässt sich nach Descartes zusammenfassend behaupten, dass es eine Seele geben muss, die dafür verantwortlich ist, dass Menschen diese Fähigkeiten besitzen und dass diese Seele nicht physischer Natur sein kann, da es keine physische Materie gibt, wie z.B. ein Organ, dass man einer Maschine oder einem Tier einpflanzen könnte, welches

---

[7] Vgl. Beckermann, 2011, S.11-12
[8] Vgl. Carrier & Mittelstraß, 1989, S.17; Vgl. Beckermann, 2011, S.31
[9] Vgl. Carrier & Mittelstraß, 1989, S.17
[10] Vgl. Bunge, 1984, S.8
[11] Vgl. Beckermann, 2011, S.31
[12] Vgl. Beckermann, 2011, S.33

das selbe intelligente Handeln wie bei einem Menschen hervorbringen würde. Folglich kann *Denken* nicht als körperliches Phänomen angesehen werden.[13]

Der dualistischen Betrachtungsweise steht der Monismus, auch Materialismus oder Physikalismus genannt, gegenüber. Im Monismus wird davon ausgegangen, dass die Seele keine eigenständige Substanz ist, sondern eine feine Materie, die den körperlosen Geist mit dem menschlichen Körper verbindet. Der antike Materialist Lukrez (ca. 97-55) vertrat die Ansicht, dass die Seele (über den ganzen Körper verteilt) sowie auch der Geist (in der Mitte der Brust) ihrer Natur nach materiell und fester Bestandteil des Körpers sind. Sie sind eng miteinander verbunden.[14] Der körperliche Bereich ist sozusagen kausal geschlossen, d.h. es gibt keine Interaktionen außerhalb des Körperlichen.[15] Aufgabe des Geistes sei es folglich zu bestimmen. Die Seele führt die Befehle des Geistes aus indem sie die Glieder des Körpers steuert. So liegt es nahe davon auszugehen, dass Geist und Seele materiell sind, da man nur etwas in Bewegung setzen kann, wenn man es berührt und man kann nur Dinge berühren, welche materiell sind. Des Weiteren erklärt Lukrez, dass ein Lebewesen stirbt, nachdem die Seele den Körper verlassen hat. Aber auch die Seele kann, anders als im Dualismus angenommen, nicht ohne Körper weiterexistieren.[16] Der Körper kann folglich als Maschine betrachtet werden, welche ohne die Antriebskraft der Seele nicht gesteuert werden kann.[17]

Zusammenfassend lässt sich behaupten, dass das *Leib-Seele-Problem* der Frage nach geht ob die monistische These sich bewährt, d.h. dass das psychische Leben eines Menschen (Denken, Fühlen, etc.) ausschließlich auf das Physische (Gehirn) zurückgeführt werden kann. Oder sollte man eher von einer dualistischen Betrachtungsweise ausgehen, was bedeuten würde, dass man davon ausgeht, dass zumindest die Psyche ein eigenständiges Konstrukt ist, welches in Wechselwirkung mit dem menschlichen Körper funktioniert, jedoch auch ohne ihn weiterexistieren kann.[18] Das Problem besteht darin, dass beide Thesen sich gegenseitig ausschließen. Folglich können sie sich nicht beide als wahr herausstellen.[19]

---

[13] Vgl. Beckermann, 2011, S.36
[14] Vgl. Beckermann, 2011, S.9-11
[15] Vgl. Meyer, 2005, S.10-11
[16] Vgl. Beckermann, 2011, S.9-11
[17] Vgl. Carrier & Mittelstraß, 1989, S.30
[18] Vgl. Beckermann, 2011, S.7
[19] Vgl. Meyer, 2005, S.11

1.2 Zusammenhang mit psychosomatischen Erkrankungen

Welche Bedeutung hat das Leib-Seele-Problem nun für die Erklärung psychosomatischer Erkrankungen? In der medizinischen Welt ist allgemein bekannt, dass körperliche Beschwerden bis hin zu Erkrankungen negative Auswirkungen auf die psychische Gesundheit eines Menschen haben können (z.B. Depression). Die Psychosomatik hingegen ist eine Wissenschaft die sich ausschließlich auf die Bedeutung von psychischen Faktoren des Menschen bei der Entwicklung von Krankheiten konzentriert.[20] Psychosomatische Störungen gehören heute zu den am häufigsten auftretenden Krankheiten.[21] Wird bei einer Untersuchung physischen Beschwerden keine biologische Ursache gefunden, die das Auftauchen der Symptome erklären können, geht man von einer psychosomatischen Erkrankung aus.[22] Mitte des 20. Jahrhunderts wurde schließlich der eigenständige Fachbereich der Psychosomatischen Medizin gegründet.[23] Typische Auslöser für psychophysische Krankheiten sind oftmals ein langandauernder erhöhter Stresslevel, Ängste, Depression oder ein traumatisches Erlebnis. Die körperlichen Symptome sind vielfältig und reichen von Gastritis bis hin zu Asthma, Herzinfarkt oder Panikattacken. Bleiben die Symptome (unter Ausschluss biologischer Ursache) über längere Zeit bestehen, dann spricht man von einer psychosomatischen Erkrankung.[24]

Meyer (2005) bezeichnet das Seelische *„als ein Faktor, der Krankheiten verursacht, begünstigt oder in ihrem Verlauf beeinflußt und dabei neben den seelischen auch körperliche Symptome hervorzurufen vermag."*[25] Demnach kann die Psyche krankheitsauslösend, aber auch Mittel in der Therapie sein. Es kann nach Meyer also nicht von einer Geschlossenheit des Körpers ausgegangen werden wie dies in der dualistischen Theorie der Fall ist.[26] Freud (1894) entwickelte das Konversionsmodell, welches erläutert, dass Menschen bei Dauerbelastung (z.B. Stress, Trauma) ihr schmerzhaftes seelisches Empfinden in körperliche Symptome verdrängen und verlagern. Diese Symptome entlasten jedoch nicht die verdrängten Affekte, sondern begleiten sie.[27] So gehen Fritzsche und Wirsching (2006) davon aus, dass in der Psychosomatik Körper und Seele zwei voneinander untrennbar verbundene Teile des Menschen sind, welche nur zum vereinfachten Verständnis unterschieden werden sollten. Demnach handele es sich nicht um eine "lineare" Kausalität, welche vermuten würde, dass psychische Störungen körperliches Leiden verursachen. Sie erklären weiter, dass eine solche dualistische Ansicht bedeuten würde, dass es jeweils Erkrankungen mit psychischer sowie mit somatischer Entstehung gäbe. Dem

---

[20] Vgl. Eichenberg & Senf, 2020, S.11
[21] Vgl. Maderthaner, 2008, S.381-382
[22] Vgl. Specht, 2021, S.293
[23] Vgl. Meyer, 2005, 51
[24] Vgl. Maderthaner, 2008, S.394
[25] Meyer, 2005, S.35
[26] Vgl. Meyer, 2005, S.35
[27] Vgl. Freud, 1894, zitiert nach Klußmann & Nickel, 2009, S.24

Gegenüber existiert jedoch auch kein Modell, welches die Wechselwirkungen zwischen Körper, Psyche und Umwelt erläutern würde.[28]

Welchen Einfluss kann eine monistische bzw. dualistische Betrachtungsweise psychischer Prozesse auf die Behandlung psychischer Erkrankungen haben? Ob ein Arzt einen Körper eher als "Objekt" oder als "Subjekt" wahrnimmt bestimmt maßgeblich seine Vorgehensweise bei psychischen Erkrankungen. Befragungen von Psychologen und Ärzten haben gezeigt, dass die eigene Stellungnahme gegenüber dem Leib-Seele-Problem Einfluss auf ihre Auswahl der Untersuchungs- und Behandlungsmethoden habe. Betrachtet der Arzt den Menschen als Objekt (Dualismus) greift er eher auf naturwissenschaftlich-technische Medizin (Körperorgane beobachten, messen und analysieren) zurück. Hierbei wird kaum Rücksicht auf das Empfinden des Patienten genommen. Er wird "verdinglicht", d.h. er wird nur als Körper behandelt. Meyer (2005) bezeichnet dies als Versachlichung der Arzt-Patient-Beziehung. Die moderne Technik der Medizin steht hier zwischen Arzt und Patient, entfremdet beide, und verhindert ein subjektiveres Eingehen auf die leidende Person. Wird der Patient hingegen als Subjekt wahrgenommen (Monismus) greifen Ärzte zuerst auf Gespräche mit den Patienten zurück um die Ursache der körperlichen Schmerzen zu verstehen.[29] Das wichtigste Instrument des Arztes um eine Diagnose in der psychosomatischen Medizin zu fällen ist folglich ein intensives Gespräch (Anamnese) mit dem Patienten. Ziel ist es herauszufinden welche psychosoziale Ursachen das physische Leiden hervorbringen. Dabei muss sowohl das innere Empfinden als auch das äußere Erleben des Patienten in Betracht gezogen werden.[30] In der modernen Psychologie werden biologische (z.B. Gene, Körperchemie), psychologische (z.B. Stress, Trauma) und soziale (z.B. Erwartungen) Faktoren berücksichtigt, welche in Wechselwirkung zueinander stehen, und müssen bei der Diagnose psychischer Krankheiten miteinbezogen werden. Die Rede ist hier von einem biopsychosozialen Ansatz.[31]

Obwohl zahlreiche Wissenschaftler und Mediziner sich gegen eine dualistische Auffassung des Menschen äußern, wurde das Bild des menschlichen Körpers als lebloses mechanisches Konstrukt bis heute immer noch nicht ganz aufgelöst. Dies obgleich das biopsychosoziale Krankheitsverständnis in der medizinischen Forschung und in der Praxis sehr erfolgreiche Erkenntnisse in der Diagnostik und der Behandlung von Erkrankungen vorzuweisen hat.[32]

---

[28] Vgl. Fritzsche & Wirsching, 2006, S.5-7
[29] Vgl. Meyer, 2005, S.59-60
[30] Vgl. Klußmann & Nickel, 2009, S.46
[31] Vgl. Maderthaner, 2008, S.381-382
[32] Vgl. Kapfhammer, 2011, S.1275

2. Aufgabe B2

Die Psychologie ist eine empirische Wissenschaft die sich mit dem Erleben, dem Verhalten und dem Bewusstsein von Lebewesen beschäftigt sowie deren Entwicklung im Laufe des Lebens und deren inneren und äußeren Bedingungen und Ursachen. Der Begriff Psychologie setzt sich aus den beiden griechischen Wörtern "*psyche*" und "*logos*" zusammen und bedeutet "*Lehre von der Seele*".[33] Ziel der Psychologie ist es menschliches Verhalten zu beschreiben, zu erklären, vorherzusagen und zu beeinflussen.[34]

2.1 Rolle der psychologischen Grundlagenfächer

Die psychologischen Grundlagenfächer stellen die Basis eines Psychologiestudiums dar. Sie beschäftigen sich mit wichtigen Theorien des menschlichen Verhaltens. Hierfür werden ebenfalls Methodenfächer benötigt, welchen den Studenten den Umgang mit wissenschaftlichen Instrumenten beibringen, um diese anschließend bei der Analyse von menschlichen Erlebens und Verhaltens anwenden zu können. Die Grundlagenfächer gehen teils in ihren Theorien ineinander über und bilden somit die Gesamtheit psychologischen Wissens, welches nötig ist um einen psychologischen Beruf kompetent ausführen zu können. [35]

In der *Allgemeinen Psychologie* werden allgemeingültige Gesetzmäßigkeiten des Erlebens und Verhaltens einer Person erläutert. Zudem wird weiter auf deren Ursachen und Wirkungen eingegangen. Die Allgemeine Psychologie umfasst keineswegs die gesamte Psychologie, sondern ist lediglich eine Teildisziplin dieser. Sie beschäftigt sich nicht mit den Unterschieden der einzelnen Menschen, sondern viel mehr mit deren Gemeinsamkeiten. Ziel dieses Grundlagenfaches ist es, durch meist experimenteller Vorgehensweise, das kognitive System des Menschen zu beschreiben und zu erklären.[36] Die Allgemeine Psychologie behandelt folgende Themen: Wahrnehmung, Lernen und Gedächtnis, Emotion und Motivation. Sie gilt folglich als Basis aller Anwendungsfächer.[37]

Die *Persönlichkeitspsychologie* beschäftigt sich mit den individuellen Dispositionen des Menschen in physischer Erscheinung, Verhalten und Erleben. Es handelt sich um eine empirische Wissenschaft die darauf ausgelegt ist die Eigenschaften des Menschen zu

---

[33] Vgl. Maderthaner, 2008, S.27-28
[34] Vgl. Gerrig, 2018, S.4
[35] Vgl. Mühlfelder, 2017, S.21-22
[36] Vgl. Becker-Carus & Wendt, 2017, S.2; Mühlfelder, 2017, S.22
[37] Vgl. Mühlfelder, 2017, S.25

quantifizieren, d.h. sie in Zahlen und messbare Einheiten umzuwandeln (z.B. 16 Persönlichkeitsfaktoren-Test von Cattell). Hierbei ist es wichtig, dass die Eigenschaften zeitlich stabil sind. Zusätzlich wird darauf geachtet, dass die individuellen Dispositionen variieren können und zwar zwischen Menschen, welche im ähnlichen Alter sind und der gleichen Kultur angehören. Des Weiteren wird sich in der Persönlichkeitspsychologie eher auf nicht-pathologische Eigenschaften konzentriert, da pathologische Merkmale (z.B. Schizophrenie, Phobien, Panikattacken) eine andere Stabilität und Ursache haben als die nicht-pathologischen Eigenschaften. Folglich werden pathologische Eigenschaften (Persönlichkeitsstörungen) in der klinischen Psychologie behandelt.[38] In der Persönlichkeitspsychologie, oft auch differentielle Psychologie genannt, werden Unterschiede in den Eigenschaften zwischen einzelnen Menschen oder Gruppen (interindividuell) oder innerhalb einer Person über Zeit und Situation hinweg erforscht (intraindividuell).[39] Dieses Grundlagenfach findet besonders Anwendung in der bereits erwähnten klinischen Psychologie um Persönlichkeitsstörungen zu ermitteln und zu behandeln. Aber auch in der Arbeits- und Organisationspsychologie werden Testverfahren bezüglich der Persönlichkeit bei der Personalauswahl oder der Personalentwicklung durchgeführt oder um die Zufriedenheit und Motivation der Mitarbeiter zu ermitteln.[40]

Die *Sozialpsychologie* untersucht das Erleben und Verhalten von Menschen in sozialen Situationen. Ihr Hauptziel ist es empirisch überprüfbare Theorien und Modelle zu bilden, um anschließend erklären und vorhersagen zu können wie Personen sich in bestimmten sozialen Situationen verhalten. Mittels Feldbeobachtungen und Laborexperimenten werden soziale Vorurteile und Stereotypen ermittelt sowie das zwischenmenschliche Verhalten in Gruppen und Gemeinschaften erforscht (z.B. das Stanford-Prison-Experiment).[41] Die Sozialpsychologie wird in der Praxis in der Arbeits- und Organisationspsychologie, in der Gesundheitspsychologie, in der Rechtspsychologie sowie in der Werbepsychologie angewendet.[42]

Die *Entwicklungspsychologie* beschreibt die psychologischen Veränderungen und Stabilitäten eines Menschen im Laufe seines Lebens. Von der Geburt bis hin zum Erwachsenenalter entwickelt der Mensch sich weiter.[43] Die einzelnen Lebensphase können durch bestimmte psychische Entwicklungsstufen unterschieden werden.[44] Das Verstehen und Verhalten verändert sich mit zunehmenden Alter zu einem komplexeren und geschickteren Zustand (z.B.

---

[38] Vgl. Asendorpf, 2015, S.8
[39] Vgl. Rauthmann, 2015, S.2
[40] Vgl. Asendorpf, 2015, S.8-9
[41] Vgl. Fischer, Asal & Krueger, 2013, S.4; Vgl. Fischer et al., 2013, S.97
[42] Vgl. Stürmer, 2016, S.11-12
[43] Vgl. Wicki, 2015, S.13
[44] Vgl. Mühlfelder, 2017, S.28

Sprachentwicklung).[45] Folglich beschäftigt sich die Entwicklungspsychologie sowohl mit der charakteristischen Weiterentwicklung (intraindividuell) einer Person, als auch mit den daraus resultierenden Unterschieden zwischen verschiedenen Individuen (interindividuell).[46] Als Forschungsmethode wird insbesondere bei Säuglingen und Kleinkindern meist auf das Beobachtungsverfahren zurückgegriffen.[47] Dieses Teilgebiet der Psychologie findet häufig Anwendung in der pädagogischen Psychologie (z.B. Lernforschung, Moralentwicklung).[48]

Die *Biologische Psychologie* erklärt das Erleben und Verhalten der Menschen anhand von neuronalen und biochemischen Prozessen. Zu ihren Teildisziplinen gehören die Physiologische Psychologie, die Kognitive Neuropsychologie und die Neuropsychopharmakologie. Für ihre Forschung verwenden sie Methoden wie bildgebende Verfahren (z.B. funktionelle Magnet-Resonanz-Tomografie), Molekulargenetik und neurochemische Stimulation. Die biologische Psychologie findet hauptsächlich Verwendung in der Klinischen Psychologie um bspw. neuronale Mechanismen psychischer Erkrankungen zu erklären.[49] Aber auch in der Markt- und Werbepsychologie wird heutzutage auf diese Grundlagendisziplin zurückgegriffen um Gehirnaktivitäten bei der Darbietung von Werbung zu erforschen.[50]

In den Anwendungsfächern wird anschließend das erlernte Wissen der Grundlagenfächer praktisch angewendet.[51] Es existiert eine Vielzahl an psychologischen Anwendungsfächern, wie z.B. Arbeits- und Organisationspsychologie, Pädagogische Psychologie, Markt- und Werbepsychologie, Medien- und Kommunikationspsychologie, Klinische Psychologie, Rehabilitationspsychologie, Rechtspsychologie oder Verkehrspsychologie.

2.2 Psychologische Grundlagen in der Anwendungspraxis am Beispiel von Führungskräften

Im folgenden Abschnitt gehen wir der Frage nach, welche psychologischen Grundlagen für Führungskräfte nützlich sind um ihre Aufgaben bestmöglich bewältigen zu können.

In der *Allgemeinen Psychologie* spielen die Wahrnehmung, die Emotionen und die Motivation eine wichtige Rolle für die Führungskräfte. Die *Wahrnehmung* eines Menschen hat großen

---

[45] Vgl. Wicki, 2015, S.14
[46] Vgl. Rothgang & Bach, 2015, S.21
[47] Vgl. Wicki, 2015, S.21
[48] Vgl. Blickhan, 2018, S.19
[49] Vgl. Rockstroh, 2010, S.13-14
[50] Vgl. Mühlfelder, 2017, S.33
[51] Vgl. Mühlfelder, 2017, S.22

Einfluss auf dessen Verhalten. Dabei spielt die Reizintensität einer Information eine wichtige Rolle. Je stärker der Reiz desto bewusster wird er von einer Person wahrgenommen. Am Arbeitsplatz findet man meistens einen Mitarbeiter der besonders motiviert ist und mit seiner Arbeit heraussticht und dies auch gegenüber der Führungskraft bemerkbar macht. Es handelt sich hier um eine bewusste Aufmerksamkeitslenkung, die vom Arbeitgeber je nach dem positiv oder negativ wahrgenommen werden kann. Die übrigen Mitarbeiter riskieren dabei in den Hintergrund der Wahrnehmung der Führungskraft zu fallen, selbst wenn sie gute Leistung erbringen. Um eine faire Beurteilung seiner Mitarbeiter zu ermöglichen, sollte der Arbeitgeber seine Mitarbeiter in Einzelgespräche rufen. So können mögliche Wahrnehmungsverzerrungen ermittelt werden und ein objektiveres Bild des Angestellten erstellt werden.[52] Die *Emotionen* spielen ebenfalls eine wichtige Rolle in der Führung. Von den Führungskräften wird verlangt, dass sie einerseits einen kontrollierten Umgang mit ihren Emotionen pflegen, andererseits aber auch Emotionen zeigen können um gegenüber ihrem Personal authentisch rüberzukommen. Zusätzlich sollen sie auch emphatisch gegenüber den Gefühlen der Angestellten sein. Folglich ist ein kontrollierter und flexibler Umgang mit sowohl den eigenen Emotionen aber auch der der anderen eine essenzielle Kompetenz in der Führungsposition.[53] Eine weitere Aufgabe der Arbeitgeber ist es die *Motivation* seiner Angestellten zu fördern um das Erreichen der Ziele des Betriebs zu ermöglichen.[54]

Auch *sozialpsychologische* Aspekte lassen sich in der Praxis einer Führungskraft ermitteln. Die Rolle der Führungsentität beinhaltet bestimmte Werte und Normen in der Arbeitsgruppe zu fördern.[55] Es ist Aufgabe der Führungskraft, dafür zu sorgen ein effektives Team zusammenzustellen, welches seine Rolle und Aufgabe am Arbeitsplatz kennt. Nur eine funktionierende Arbeitsgruppe kann Leistung erbringen. Mobbing oder sexuelle Belästigung am Arbeitsplatz sind Beispiele sozialer Konstruktionen die keineswegs toleriert werden sollten. Das Nicht-respektieren dieser Werte und Normen kann schlimme Folgen für die Psyche eines Mitarbeiters haben und folglich auch negative Folgen auf dessen Leistung auf der Arbeit.[56] Des Weiteren sollte die Führungskraft beachten, dass das Wahrnehmen der Werte seiner Mitarbeiter (z.B. eigene Ideen einbringen können oder abwechslungsreiche Aufgaben erhalten) ein wirksames Werkzeug zur Steigerung der Arbeitsmotivation und der Arbeitszufriedenheit ist.

---

[52] Vgl. della Picca & Spisak, 2013, S.75-76; Vgl. della Picca & Spisak, 2013, S.82
[53] Vgl. della Picca & Spisak, 2013, S.82-83
[54] Vgl. Stürmer, 2016, S.151
[55] Vgl. Stürmer, 2016, S.152
[56] Vgl. Stürmer, 2016, S.174

Personen die sich auf ihrer Arbeit wohlfühlen, wertgeschätzt fühlen und ihre Arbeit als sinnhaft und erfüllend empfinden, erbringen nachweislich bessere Leistungen am Arbeitsplatz.[57]

Die *Persönlichkeitspsychologie* ist ein wichtiger Bestandteil in der Arbeits- und Organisationspsychologie. Hier geht es sowohl um die Persönlichkeit der Führungskraft als auch um die der Mitarbeiter. Sie spielt eine wichtige Rolle bei Selektions- und Einstellungsverfahren von Personal.[58] Damit ein Betrieb gut funktionieren kann, ist es von Bedeutung geeignetes Personal einzustellen. Hierfür gibt es in der Persönlichkeitspsychologie zahlreiche Verfahren die es bspw. ermöglichen ein Persönlichkeitsprofil eines Anwärters zu erfassen um dessen Eignung für den Posten zu analysieren. Bekannte Instrumente zur Auswertung von Eigenschaften sind z.B. das "DISG-Persönlichkeitsprofil", die "Big-Five" oder das "Myers Briggs Typen Inventory". Dabei ist jedoch zu beachten, dass das Verhalten einer Person je nach Kontext und Situation variieren kann. Menschen reagieren nicht immer auf die gleiche Art und Weise auf das gleiche Problem. Mitarbeiter die dafür bekannt sind stressresistent zu sein, können nach einem Sterbefall in der Familie oder durch eine Erkrankung möglicherweise weniger gut mit Stress umgehen.[59]

3. Aufgabe B3

Psychologische Berufsfelder sind sehr facettenreich. Es gibt eine Vielzahl an verschiedenen Betätigungsfelder für Psychologen in der Arbeitswelt. Je nach gewählten Anwendungsfächer im Studium oder Weiterbildung stehen einem weitere Türen offen auf dem Arbeitsmarkt. Es scheint, dass man Psychologen heutzutage nahezu in allen Tätigkeitsbereichen finden kann. So reichen psychologische Berufsfelder z.B. von der Klinischen Psychologie über die Wirtschaftspsychologie bis hin zur Pädagogischen Psychologie. In den folgenden Abschnitten werden drei psychologische Tätigkeiten und deren gesellschaftliche Relevanz näher erläutert sowie die Notwendigkeit bestimmter Kompetenzen in diesen Bereichen.

3.1 Tätigkeit als Personalpsychologe

Die Personalpsychologie ist eine Teildisziplin der *Arbeits- und Organisationspsychologie*, da sie sich mit den interindividuellen Unterschieden von Verhalten, Leistung und Eignungsmerkmalen

---

[57] Vgl. Moskaliuk, 2016, S.16-17
[58] Vgl. della Picca & Spisak, 2013, S.94
[59] Vgl. della Picca & Spisak, 2013, S.97-98; Vgl. della Picca & Spisak, 2013, S.109-110

eines Arbeitnehmers beschäftigt. Hauptaufgaben des Personalpsychologen sind die Rekrutierung von Personal, die Beurteilung und die Entwicklung der Mitarbeiter und Führungskräften.[60] Um diese Aufgaben bestmöglich erfüllen zu können, sind gute Kenntnisse in der Differentiellen und Persönlichkeitspsychologie sowie einen sehr guten Umgang mit eignungsdiagnostischen Verfahren notwendig.[61]

Ein Unternehmen kann nicht ohne "Humankapital" funktionieren. Um Erfolg zu haben reicht es jedoch meist nicht aus einfach Mitarbeiter einzustellen. Um sich gegenüber der Konkurrenz auf dem Markt abzugrenzen, benötigen Organisationen ein erfolgreiches *Personalmarketing* um geeignetes Personal zu erreichen sowie deren Bindung an den Betrieb zu fördern.[62] Personalpsychologen können in diesem Kontext auf Befragungen und Studien zurückgreifen um die Zielgruppe an Arbeiter ausfindig zu machen, welche durch ihre Werte und Bedürfnisse am besten zum Unternehmen passen.[63] Auch umgekehrt ist es im Interesse der Bewerber sich für ein Unternehmen zu bewerben, welches ihre Interessen und Werte teilt.[64] Nach dem Personalmarketing folgt anschließend die Rekrutierung der Mitarbeiter. Die *Personalauswahl* erfolgt durch den Einsatz von bestimmten Methoden und Instrumenten wie z. B. Interviews oder Persönlichkeitstests. Mendius und Werther (2018) bezeichnen dies auch als Eignungsdiagnostik, da bestimmte Verfahren angewendet werden um herauszufinden, ob die jeweiligen Bewerber für den angeworbenen Posten geeignet sind. Je besser die Eigenschaften des Bewerbers zum Profil der Arbeitsstelle passen, umso besser stehen seine Chancen ausgewählt zu werden.[65] Dieses Profil wird im Vorfeld von der Organisation zusammen mit einem Personalpsychologen mittels einer Anforderungsanalyse festgelegt um eine klare Vorstellung der notwendigen beruflichen Anforderungen zu haben. Daraufhin kann der Psychologe bestimmte Personalauswahlverfahren (konstrukt-, simulations-, biografieorientierte Verfahrenstypen)[66] in Abstimmung zu den Anforderungen entwickeln, welche anschließend an den Bewerbern durchgeführt werden.[67] Oft kommt es im Auswahlprozess zu einer Vielzahl an eignungsdiagnostischen Methoden die man zu Assessment Centern zusammenfasst. Hier werden die Bewerber in einer Zeitspanne von bis zu drei Tagen von mehreren geschulten Beobachtern bei eben diesen Verfahren beobachtet und anschließend beurteilt. Folglich ist es Aufgabe des Personalpsychologen diejenigen zukünftigen Mitarbeiter auszuwählen, welche die von dem Unternehmen gewünschten Fähigkeiten besitzen

---

[60] Vgl. Mendius & Werther, 2018, S.90
[61] Vgl. Mendius & Werther, 2018, S.99
[62] Vgl. Marcus, 2011, S.30
[63] Vgl. Mendius & Werther, 2018, S.29
[64] Vgl. Marcus, 2011, S.33
[65] Vgl. Mendius & Werther, 2018, S.92-93
[66] Vgl. Marcus, 2011, S.50
[67] Vgl. Kauffeld & Grohmann, 2011, S.94-95

und zudem ihre persönlichen Bedürfnissen nach Selbstentfaltung und Zugehörigkeit in ihrem Beruf ausleben können. Des Weiteren wirken Personalpsychologen ebenfalls bei der Mitarbeiterbeurteilung mit. Der individuelle Beitrag eines Arbeiters zu den Zielen des Unternehmens zu beurteilen stellt eine schwierige Aufgabe dar die zu Fehlinterpretationen führen kann. Um Urteilsfehler zu vermeiden können Psychologen Methoden anwenden wie z.b. einen Leitfaden auszuarbeiten welchen die Führungskräfte zur Beurteilung ihrer Arbeiter zum jährlichen Beurteilungsgespräch nutzen können. Aus diesen Beurteilungen kann sich die Notwendigkeit einer Weiterentwicklung der Kompetenzen eines Mitarbeiters verdeutlichen. Ein anderer Grund für eine *Personalentwicklung.* wäre bspw. der Einsatz neuer Technologie für die neue Kompetenzen erlernt werden müssen die das Personal noch nicht besitzt. So können Kosten gespart werden indem das Unternehmen sein Personal weiterausbilden lässt, anstatt neues Personal einzustellen welches diese Kompetenzen bereits besitzen.[68] Die Personalentwicklung lässt sich in Wissenserwerb, Verhaltensmodifikation und persönliche Entwicklung einteilen.[69] So ist es eine weitere wichtige Aufgabe des Personalpsychologen die Mitarbeiter bei ihrer Weiterentwicklung zu unterstützen sowie die passenden Lernmethoden auszuwählen.[70] Je nach Bereich lassen sich unterschiedliche Verfahren einsetzen. Im Wissenserwerb werden Unterricht, kognitive Techniken oder Simulationen angewendet. Verhaltensmodellierung, Gruppendynamik und Erlebnisorientierung sind Methoden der Verhaltensmodifikation. Für die persönliche Entwicklung eignen sich Coaching und Mentoring sowie Selbstmanagement.[71]

Zusammenfassend lässt sich erläutern, dass die Personalpsychologie eine hohe Relevanz im Personalwesen einer Organisation hat. Ihre Tätigkeit liegt eher im konzeptuellen Bereich, da sie Testverfahren oder Leitfäden entwickelt welche sie jedoch meist nicht selbst durchführt. Ein Personalpsychologe kann sich zum Einen in einem bestimmten Fachgebiet als Experten positionieren. So muss er immer über neue psychologische Entwicklungen, Verfahren und Methoden auf dem Laufenden sein um seine Arbeit bestmöglich ausführen zu können. Zum Anderen kann er aber auch eine Führungsrolle in einem Unternehmen übernehmen, wenn er den Anforderungen gerecht wird. In der Personalpsychologe ist es von Vorteil Kenntnisse von der Pädagogischen Psychologie, der Betriebs- oder Volkswirtschaftslehre oder vom Arbeits- und Sozialrecht zu haben. Im Laufe dieses Textes wurde außerdem deutlich, dass für einen Personalpsychologen ein Expertenwissen in Testverfahren und Statistik unumgänglich ist.[72]

---

[68] Vgl. Mendius & Werther, 2018, S.92-94
[69] Vgl. Marcus, 2011, S.122
[70] Vgl. Mendius & Werther, 2018, S.94
[71] Vgl. Marcus, 2011, S.123-130
[72] Vgl. Mendius & Werther, 2018, S.95-99

3.2 Tätigkeit im Bereich der Bildungsberatung und -evaluation

Eine der ältesten Anwendungsfächer der Psychologie ist die *Pädagogische Psycho*logie. Häufige bildungs- und sozialpolitische Veränderungen führen dazu, dass es in diesem Arbeitsfeld zu einem ständigen Wandel der Anforderungen und Aufgaben an die Psychologen kommt. Ihre Aufgabe ist es das Erleben und Verhalten der Menschen in Erziehungs-, Lern- und Unterrichtssituationen zu beschreiben und zu erklären. So kann hierbei einerseits die Rede von institutionalisierten Lern- und Sozialisationsprozessen sein (z.B. Schule), andererseits von nichtinstitutionalisierten Prozessen (z.B. Familie).[73] Als Zielgruppe gelten somit Kinder und Jugendliche. In diesem Kapitel wird auf die Tätigkeit des Psychologen im Bereich der Bildungsberatung und -evaluation in staatlichen Bildungseinrichtungen eingegangen.

Im Bildungswesen werden gerne Psychologen zu Rate gezogen, wenn es um die Entwicklung von neuen pädagogischen Konzepten und Verfahrensmethoden geht. Da Psychologen ein umfangreiches Wissen in Diagnostik und Testtheorie haben und dies auch nur in einem Psychologiestudium so ausführlich erlernt wird, gelten sie als absolut notwendige Hilfskräfte im Bereich des Bildungswesens und der Bildungsforschung. Ein Beispiel hierfür ist, dass sie in Schulen Unterrichtssituationen und Lernbedingungen untersuchen und bewerten und anschließend mögliche Verbesserungsvorschläge mit einbringen können oder neue Lernmethoden entwickeln und erproben können. Aufgrund der vielfältigen Berufe im pädagogischen Bereich arbeiten Psychologen u.a. regelmäßig mit Pädagogen, Sozialwissenschaftlern und Lehrern zusammen. In der Bildungsforschung arbeiten sie aufgrund der administrativen und politischen Strukturen zudem auch mit Juristen und Verwaltungsbeamten zusammen. Je nach Auftraggeber oder Projektziel lassen sich unterschiedliche Tätigkeiten in der Bildungsberatung und -evaluation aufzählen, wie z.B. die pädagogische Grundlagenforschung, die Evaluation und Zertifizierung von pädagogischen Maßnahmen und Einrichtungen oder die Fort- und Weiterbildung von pädagogischem Personal. Zu den Arbeiten des Psychologen gelten hier unter anderem die Planung und Durchführung von Erhebungen vor Ort, die Auswertung und Erneuerung von Daten sowie Recherchearbeiten. Folglich lässt sich zusammenfassend sagen, dass die Bildungsberatung dazu dient pädagogische Arbeit in Kitas, Schulen, Universitäten usw. zu verbessern. In der Bildungsevaluation hingegen geht es um die Qualitätsentwicklung von Bildungsmaßnahmen in diesen Institutionen.[74]

---

[73] Vgl. Fischer & Krause, 2018, S.148
[74] Vgl. Fischer & Krause, 2018, S.151-156

Auch in der Bildungsberatung und -evaluation ist es unumgänglich sich ständig weiterzubilden. Fachzeitschriften, wissenschaftliche Journals und Kongresse liefern notwendiges Wissen der Aktualität. So sollte man sich als Pädagogischer Psychologe stets über Bildungs- und Sozialpolitik sowie über gesellschaftliche und demografische Entwicklungen informieren. Des Weiteren sind, neben der Pädagogischen Psychologie, Kenntnisse in der Erkenntnispsychologie, in Arbeits- und Organisationpsychologe oder Klinischen Psychologie je nach Tätigkeitsbereich sehr nützlich. Großen Vorteil auf leitende Berufspositionen haben Psychologen die einen Doktortitel besitzen.[75]

3.3 Tätigkeit als Forensischer Psychologe

Die Forensische Psychologie ist neben der Kriminalpsychologie ein Teilgebiet der *Rechtspsychologie*. Der Name leitet sich aus dem lateinischen Wort "forum" ab, dem Marktplatz auf dem früher Gerichtsverfahren stattfanden. Hauptaufgabe der Forensischen Psychologie ist die Sachverständigentätigkeit. Darunter versteht man das Erstellen von Gutachten die von einem Auftraggeber verlangt werden. Gutachten werden meist vom Gericht, von der Staatsanwaltschaft oder von den Verteidiger in Auftrag gegeben um bestimmte Fragen im Rahmen des Strafrechts mithilfe von psychologischen Fachwissens zu beantworten. Mögliche Fragen können sich um Schuldfähigkeit, Glaubwürdigkeit einer Zeugenaussage, Gefährlichkeitsprognosen und Beurteilung der Entwicklungsreife von Heranwachsenden in Bezug auf strafrechtliche Verantwortlichkeit drehen.[76] Neben dem Strafrecht können auch Gutachten in Sachen Sorge- und Umgangsrechtfragen in der Familienpsychologie verlangt werden (z.B. Aussage des Kindes, dass ihr Vater sie misshandelt hat auf Glaubwürdigkeit überprüfen). Weitere Auftragsgebiete liegen in der zivil- (z.B. Sorgerecht), verwaltungs- (z.B. Arbeits- und Erwerbsunfähigkeit) oder verkehrsrechtlichen (z.B. Fahrtauglichkeit) Begutachtung.[77] Da die Tätigkeit als forensischer Psychologe sehr vielfältig ist sollte er sich auf ein Rechtsgebiet spezialisieren (z.B. Strafrecht). Außerdem muss er besonders gute Kenntnisse der rechtlichen Grundlagen sowie auch Kenntnisse in Kriminologie, Kriminalistik, Rechtsmedizin und Rechtssoziologie haben. Der forensische Psychologe hat vor Gericht die Rolle eines wissenschaftlichen Beraters. Nach Erhalt des Auftrags beginnt er mit einer Aktenanalyse zum Fall. Es handelt sich bei der Begutachtung um einen hypothesengeleiteten Prozess, da die Aktenanalyse dazu dient Hypothesen

---

[75] Vgl. Fischer & Krause, 2018, S.156-171
[76] Vgl. Yundina & Tippelt, 2018, S.213; Vgl. Kury & Obergfell-Fuchs, 2012, S.29
[77] Vgl. Kury & Obergfell-Fuchs, 2012, S.30

aufzustellen, welche er in einem nächsten Arbeitsschritt mit Hilfe von präziser Erforschung, Verhaltensbeobachtung und dem Einsatz von diagnostischen Verfahren überprüften wird. Wenn anschließend genügend Informationen gesammelt wurden um die Fragen zu beantworten, wird eine schriftliche Gutachtung erfasst. Ausschlaggebend ist jedoch der mündliche Vortrag des Gutachten vor Gericht. Psychologen arbeiten in der Rechtspsychologie oft unter Zeitdruck und sind dazu verpflichtet Fristen einzuhalten, was oft dazu führt, dass Überstunden geleistet werden müssen.[78]

Nach Abschluss des Psychologiestudiums wird die berufsbegleitende Weiterbildung zum Fachpsychologen für Rechtspsychologie der Deutschen Gesellschaft für Psychologie (DGPs) und des Berufsverbandes Deutscher Psychologen e.V. (BDP) absolviert. Hier wird dann während drei Jahren rechtspsychologische Tätigkeiten unter Aufsicht eines erfahrenen Gutachters ausgeübt und schließlich nach Bestehen der Abschlussprüfung mit einem Zertifikat abgeschlossen. Selbstständig sollte sich ein Gutachter erst machen, wenn er sich bereits einen Namen in seiner Arbeit gemacht hat, ansonsten wird er anfangs wenige Aufträge bekommen, was folglich zu finanziellen Problemen führen kann. Zusammenfassend sollte sich der forensische Psychologe bereits während dem Studium mit rechtlichen und kriminologischen Grundlagen beschäftigen. Zudem sind eine Ausbildung in der Klinischen Psychologie und gute Kenntnisse in der Diagnostik, Persönlichkeits-, Entwicklungs- und Sozialpsychologie von Nutzen für die Forensische Psychologie.[79]

4. Literaturverzeichnis

Asendorpf, J. B. (2015). *Persönlichkeitspsychologie für Bachelor* (3., aktual. Auflage). Berlin: Springer Verlag.

Becker-Carus, C., Wendt, M. (2017). *Allgemeine Psychologie: Eine Einführung* (2. vollst. überarb. und erweit. Neuauflage). Berlin: Springer Verlag.

Beckermann, A. (2011). *Das Leib-Seele-Problem: Eine Einführung in die Philosophie des Geistes* (2., durchges. Auflage). Stuttgart: Wilhelm Fink GmbH & Co. Verlags-KG.

---

[78] Vgl. Yundina & Tippelt, 2018, S.215-216
[79] Vgl. Yundina & Tippelt, 2018, S.217-219

Blickhan, D. (2018). *Positive Psychologie - Ein Handbuch für die Praxis* (2., überarb. Auflage). Paderborn: Junfermann Verlag.

Bunge, M. (1984). *Das Leib-Seele-Problem: Ein psychobiologischer Versuch.* Tübingen: J. C. B. Mohr (Paul Siebeck).

Carrier, M., Mittelstraß, J. (1989). *Geist, Gehirn, Verhalten: Das Leib-Seele-Problem und die Philosophie der Psychologie.* Berlin: Walter de Gruyter & Co.

della Picca, M., Spisak, M. (2013). Psychologische Grundlagen für Führungskräfte. In: Steiger, T., Lippmann, E. (Hrsg.), *Handbuch Angewandte Psychologie für Führungskräfte* (S.65-112). Berlin: Springer Verlag.

Eichenberg, C., Senf, W. (2020). *Einführung Klinische Psychosomatik.* München: Ernst Reinhardt Verlag.

Fischer, J., Krause, M. (2018). Berufsfelder für Pädagogische Psychologen. In: Mendius, M., Werther, S. (Hrsg.), *Faszination Psychologie - Berufsfelder und Karrierewege* (S.148-174). (2., aktual. und überarb. Auflage). Berlin: Springer Verlag.

Fischer, P., Asal, K., Krueger, J. I. (2013). *Sozialpsychologie für Bachelor: Lesen, Hören, Lernen im Web.* Berlin: Springer Verlag.

Fritzsche, K., Wirsching, M. (2006). *Psychosomatische Medizin und Psychotherapie.* Heidelberg: Springer Medizin Verlag.

Gerrig, R. (2018). Psychologie. In: Dörfler, T., Roos, J. (Hrsg.), *Psychologie* (21., aktual. und erweit. Auflage). Pearson Deutschland GmbH.

Kapfhammer, H-P. (2011). Psychosomatische Medizin - Einleitung und Übersicht. In: Möller, H-J., Laux, G., Kapfhammer, H-P. (Hrsg.), *Psychiatrie, Psychosomatik, Psychotherapie: Band 1: Allgemeine Psychiatrie, Band 2: Spezielle Psychiatrie* (S.1273-1295). Berlin: Springer Verlag.

Kauffeld, S., Grohmann, A. (2011). Personalauswahl. In: Kauffeld, S. (Hrsg.), *Arbeits-, Organisations- und Personalpsychologie für Bachelor* (93-111). Heidelberg: Springer Medizin Verlag.

Klußmann, R., Nickel, M. (2009). *Psychosomatische Medizin und Psychotherapie: Ein Kompendium für alle medizinischen Teilbereiche* (6. Auflage). Wien: Springer Verlag.

Kury, H., Obergfell-Fuchs, J. (2012). *Rechtspsychologie: Forensische Grundlagen und Begutachtung - Lehrbuch für Studium und Praxis* (1. Auflage). Stuttgart: Verlag W. Kohlhammer.

Maderthaner, R. (2008). *Psychologie.* Wien: Facultas Verlags- und Buchhandels AG.

Marcus, B. (2011). *Einführung in die Arbeits- und Organisationspsychologie* (1. Auflage). Wiesbaden: Springer Fachmedien.

Mendius, M., Werther, S. (2018). *Faszination Psychologie - Berufsfelder und Karrierewege* (2., aktual. und überarb. Auflage). Berlin: Springer Verlag.

Meyer, O. (2005). *Leib-Seele-Problem und Medizin: Ein Beitrag anhand des frühen 20. Jahrhunderts.* Würzburg: Verlag Königshausen & Neumann GmbH.

Moskaliuk, J. (2016). *Generation Y als Herausforderung für Führungskräfte: Psychologisches Praxiswissen für wertorientierte Führung.* Wiesbaden: Springer Fachmedien.

Mühlfelder, M. (2017). *Einführung in die Psychologie* (1. Auflage). Studienbrief der SRH Fernhochschule, Riedlingen.

Rauthmann, J. F. (2017). *Persönlichkeitspsychologie: Paradigmen - Strömungen - Theorien.* Berlin Heidelberg: Springer Verlag.

Rockstroh, S. (2010). *Biologische Psychologie.* München: Ernst Reinhardt Verlag.

Rothgang, G-H., Bach, J. (2015). *Entwicklungspsychologie* (3., überarb. und erweit. Auflage). Stuttgart: Verlag W. Kohlhammer GmbH.

Specht, T. (2021). Somatische Komorbidität. In: Köllner, V., Bassler, M. (Hrsg.), *Praxishandbuch Psychosomatische Medizin in der Rehabilitation* (S.292-295). München: Elsevier GmbH.

Stürmer, S. (2009). *Sozialpsychologie.* München: Ernst Reinhardt Verlag.

Wicki, W. (2015). *Entwicklungspsychologie* (2., aktual. und erweit. Auflage). München: Ernst Reinhardt Verlag.

Yundina, E., Tippelt, S. (2018). Tätigkeit als Forensischer Psychologe. In: Mendius, M., Werther, S. (Hrsg.), *Faszination Psychologie - Berufsfelder und Karrierewege* (S.213-221). (2., aktual. und überarb. Auflage). Berlin: Springer Verlag.